This notebook belongs to

_____

Date:

Date:

Date:

Date:

Date:

Date:

Date:

Date:

Date:

Date:

Date:

Date:

Date:

Date:

Date:

Date:

Date:

Date:

Date:

Date:

Date:

Date:

Date:

Date:

Date:

Date:

Date:

Date:

Date:

Date:

Date:

Date:

Date:

Date:

Date:

Date:

Date:

Date:

Date:

Date:

Date:

Date:

Date:

Date:

Date:

Date:

Date:

Date:

Date:

Date:

Date:

Date:

Date:

Date:

Date:

Date:

Date:

Date:

Date:

Date:

Date:

Date:

Date:

Date:

Date:

Date:

Date:

Date:

Date:

Date:

Date:

Date:

Date:

Date:

Date:

Date:

Date:

Date:

Date:

Date:

Date:

Date:

Date:

Date:

Date:

Date:

Date:

Date:

Date:

Date:

Date:

Date:

Date:

Date:

Date:

Date:

Date:

Date:

Date:

Date: